CHEESE BAKE

ムラヨシマサユキ

主婦と生活社

はじめに

ぼくがまだ子どもだったころ、
チーズケーキが人気の洋菓子店が、家のそばにありました。
お店からはいつも濃厚な甘いチーズの香りがしていて、
なんとかその香りを身体中にしみ込ませられないかと、
通りかかるたびに必ず深呼吸をしていたほど夢中でした。
もちろん、親にねだって買ってもらうのもチーズケーキばかり。
今の食いしん坊が育てられたのは、
チーズケーキに魅せられたことがはじまり……
と言っても過言ではないかもしれません。

チーズケーキはほかのケーキと異なり、
レアタイプ、ベイクドタイプ、蒸し焼きタイプ、スフレタイプなど、
味は甘いチーズ味なのに、作り方や食感がまるで違う……
ひとくくりにできない面白さがあります。
「なぜ、こんなに種類があるのだろう?」と、調べたこともありますが、
結局のところ"みんなチーズケーキが好きだから"
という結論にたどり着きました。

今作の『CHEESE BAKE』はBAKEシリーズの第2弾です。
前作の『CHOCOLATE BAKE』を制作しているときは、
緻密に作るお菓子の良さやおいしさもあるので、
お菓子作りの工程を簡単にすることに少し不安も感じていました。
でもうれしいことに、そんな不安は本が発売されてすぐに吹き飛び、
おやつを作りたくても、かかる時間や手間の多さに断念して
チャレンジできない人がたくさんいることがわかりました。
だからこそ『CHEESE BAKE』では、
"おいしさをキープしつつ、省ける工程は削ぎ落として効率よく作れること"と
"思わずプレゼントしたくなる、食べさせたくなる見た目に仕上げること"を
意識して、より真剣に作りました。

お菓子作りに慣れていない方はもちろん、慣れている方も。
たくさんの方にこの本が届き、
『CHEESE BAKE』を楽しんでもらえますように。

ムラヨシマサユキ

CONTENTS

はじめに ················· 02

CHEESE BAKE のこと ·············· 06

この本の約束ごと

※小さじ1は5㎖、大さじ1は15㎖です。

※本書では電気オーブンを使用。オーブンはあらかじめ設定温度に温めておきましょう。また、機種によって焼き加減に差がありますので、お持ちのオーブンのクセをつかむことも大事です。

※電子レンジは600Wのものを使用。機種によって加熱具合に差がありますので、様子を見ながら加減してください。

CHEESE BAKE
CAKE

SIMPLE CHEESECAKE

シンプルチーズケーキ ·················12

はちみつレモンチーズケーキ ·············14

ブルーベリージャムのチーズケーキ ·········16

メープルキウイのチーズケーキ ···········16

りんごのアップサイドダウン
チーズケーキ ·················18

桜と甘酒のチーズケーキ ···········20

バジルパインのチーズケーキ ···········20

MILKY CHEESECAKE

ミルキーチーズケーキ ················22

コーヒーアーモンドチーズケーキ ···········24

あずき入り抹茶チーズケーキ ···········24

メープルパンプキンチーズケーキ ··········26

ハニーココナッツチーズケーキ ··········26

スパイスチャイのチーズケーキ ··········28

バスク風チーズケーキ ···········30

STEAMED CHEESECAKE

蒸し焼きチーズケーキ ················32

ニューヨークチーズケーキ ·············34

ライムミントのチーズケーキ ·············34

ピーカンナッツとバナナのチーズケーキ ···36

ベリーチーズケーキ ·················38

赤ワインプルーンのチーズケーキ ··········38

CHEESE BAKE
COOKIE

BAKING SHEET COOKIE
天板チーズクッキー ·········· 52
抹茶とチョコレートの天板クッキー ········ 54
レモンピスタチオの天板クッキー ······ 56
しょうがとほうじ茶の天板クッキー ······ 56

DROP COOKIE
チーズドロップクッキー ··········· 58
チョコとバナナのドロップクッキー ····· 60
白みそとくるみのドロップクッキー ····· 62
黒糖とごまのドロップクッキー ········ 62

CHEESE SABLE
チーズサブレ ··············· 64
カレーサブレ ··············· 66
トマトサブレ ··············· 66
ハーブサブレ ··············· 68

CHEESE ROLL PIE
チーズロールパイ ············· 70
パクチーチーズパイ ············ 72
おかか山椒チーズパイ ·········· 74
梅じそチーズパイ ············· 74

CHEESE MUFFIN
くるみのチーズマフィン ··········· 76
ココアいちじくマフィン ··········· 78
コーヒーラムレーズンマフィン ······· 80
アボカドとハムのマフィン ·········· 80

CHEESE MADELEINE
チーズ風味のバットマドレーヌ ······· 82
にんじんのチーズマドレーヌ ········· 84
黄桃アーモンドのチーズマドレーヌ ····· 84
アールグレイのチーズマドレーヌ ······ 86

CHEESE BAKE Q & A ············· 41

"NOT BAKE"CHEESE
レアチーズケーキ ············· 42
オレンジのレアチーズケーキ ········ 44
チーズアイス ··············· 45

材料のこと ················ 46
道具のこと ················ 48

CHEESE BAKE のこと

濃厚チーズケーキから
塩味のクッキーまでご紹介

憧れのチーズケーキからはじまり、ドロップクッキーやサブレ、チーズパイ、マフィン、チーズマドレーヌまで……チーズ菓子が好きな方にも充分満足してもらえる、色とりどりのレシピをそろえました。日々のおやつにぴったりのお菓子、大切な人のお祝いや記念日に作りたいケーキ、プレゼントにオススメのクッキーなど、さまざまな場面で重宝するラインナップは、お店にも負けない仕上がりと味わいを兼ね備えています。

スーパーで手に入る、
身近な食材で作れます

わざわざ製菓材料店まで買いに行かなくても、近所のスーパーでササッと集められる食材で、すべてのお菓子を作ることができます。作り慣れていないと、ただでさえ毎日のごはん作りよりもお菓子作りはハードルが高いもの。はじめて手に取る食材や近くに売っていない食材が原因で、作る前からやる気が損なわれたり、挫折したりしないよう、"日常に無理なく寄り添う食材"で、手軽においしく作れることを大事にしています。

難しい作業は一切なし！
お菓子作りがはじめてでも大丈夫

はじめてチャレンジする料理は、どんな料理でも不安になりますよね？「CHEESE BAKE」なら、ケーキもクッキーも「混ぜる」作業がメインで、あとはオーブンで焼くだけ！　とっても簡単です。さらにこの本では、最初に「基本のレシピ」をプロセス写真といっしょに紹介しているので、完成までの流れや生地の状態などをそのつどしっかり確認しながら作ることができ、安心して作業を進められます。

何度でも作りたくなる、
食べたくなる魅力が満載です

一度作ったら、作り方を覚えてしまうくらい簡単に作れるので、お菓子作りが楽しくなります。しかも、でき上がるお菓子は、自分で作ったとは思えないほどおいしく、見栄えのいいものばかり。手作りの良さをあらためて実感できるのはもちろん、難しいと思っていたお菓子作りがぐっと身近になります。"おいしいから、くり返し、くり返し作りたくなる"そんなとっておきのレシピがきっと見つかるはずです。

CHEESE BAKE

1. 材料を入れる

2. 混ぜる

ボウルに材料をどんどん入れて
混ぜましょう。
入れる順番を考えたり、
少量ずつ加えたりしないので、
とっても手軽です。

へらでボウルの側面に
押しつけるようにして混ぜるか、
泡立て器でそのまま
ぐるぐると混ぜるだけ。
生地がなめらかになればOKです。

3. 型に入れる　　4. 焼く

生地を型に入れたら、
型を持ち上げてトントンと落とし、
気泡を抜きましょう。
生地に穴が開くのを防いで、
断面も美しく焼き上がります。

オーブンはあらかじめ予熱を。
庫内の温度が一定になれば、
あとはオーブン任せで焼くだけ。
甘いチーズの香りに包まれて、
でき上がるのを待ちましょう。

……これだけで「CHEESE BAKE」が完成!!

CHEESE BAKE CAKE

みんなが大好きなチーズケーキは
「シンプル」「ミルキー」「スチーム」に分け、
異なる3種のおいしさをたっぷりお届けします。
手作りだからこそ味わえる、
風味豊かで多彩なケーキバリエーションを
心ゆくまで堪能してください。

SIMPLE CHEESECAKE

王道のチーズケーキも混ぜて焼くだけ！ と、驚くほど手軽。
「チーズケーキってこんなに簡単なんだ」と、感激すること間違いなしです。
ヨーグルトの酸味やバターのコクを生かした味わいに、心も弾みますよ。

SIMPLE CHEESECAKE 01# | シンプルチーズケーキ

何度食べても飽きのこない、潔いおいしさに大満足。
材料はフードプロセッサーで一気に混ぜてもOKです。

[材料] 直径15cmの丸型（底が抜けるタイプ）1台分

クリームチーズ…200g
バター（無塩）…50g
A グラニュー糖…50g
薄力粉…大さじ1
B 卵…1個
ヨーグルト（無糖）…大さじ2

[下準備]
- クリームチーズ、バターは室温にもどす。

[作り方]

1. 生地を混ぜる

ボウルに**A**を入れ、スプーンの背でボウルの側面に押しつけるようにして混ぜる。

クリームチーズ、バターを加え、へらでボウルの側面に押しつけるようにしてなめらかになるまで練り混ぜ、

Bを加えて

泡立て器で混ぜ合わせる。

2. 焼く

型に生地を流し入れ、

15cmほど持ち上げて2度落とし、粗めの気泡を抜く。170度に温めたオーブンで40～50分焼き、取り出してケーキクーラーにのせる。

型の内側に沿ってナイフを入れ、生地と型を離してから粗熱を取り、冷蔵室に移して半日～1日冷やす。

SIMPLE CHEESECAKE
02#

はちみつレモンチーズケーキ

基本のレシピのヨーグルトをレモンにかえ、フレッシュな酸味を効かせましょう。
レモンの皮も散らすことで、香りよく、華やかに。

[材料] 20.5×16×3cmのバット1台分

クリームチーズ … 200g
バター（無塩） … 50g
A グラニュー糖 … 40g
　　薄力粉 … 大さじ1
B 卵 … 1個
　　レモンのしぼり汁 … 大さじ1と1/2
　　はちみつ … 大さじ1
レモンの皮のすりおろし … 好みで1個分

[下準備]

• クリームチーズ、バターは室温にもどす。

[作り方]

1　ボウルに**A**を入れ、スプーンの背でボウルの側面に押しつけるようにして混ぜる。クリームチーズ、バターを加え、へらでボウルの側面に押しつけるようにしてなめらかになるまで練り混ぜ、**B**を加えて泡立て器で混ぜ合わせる。

2　オーブン用シートを敷いたバットに**1**を流し入れ、15cmほど持ち上げて2度落とし、粗めの気泡を抜く。170度に温めたオーブンで40〜50分焼き、取り出してケーキクーラーにのせて粗熱を取る。冷蔵室に移して半日〜1日冷やし、好みでレモンの皮を散らす。

SIMPLE CHEESECAKE
03# ブルーベリージャムのチーズケーキ

ブルーベリーやラズベリーのジャムは発色がよく、ケーキもあざやかに。
ジャムを加えると少し焦げやすいので、焼くときに注意を。

[材料] 直径15cmの丸型（底が抜けるタイプ）1台分

クリームチーズ … 200g
バター（無塩）… 50g
A グラニュー糖 … 40g
　薄力粉 … 大さじ1
　シナモンパウダー … 少々
B 卵 … 1個
　ブルーベリージャム … 大さじ3

[下準備]

• クリームチーズ、バターは室温にもどす。

[作り方]

1　ボウルにAを入れ、スプーンの背でボウルの側面に押しつけるようにして混ぜる。クリームチーズ、バターを加え、へらでボウルの側面に押しつけるようにしてなめらかになるまで練り混ぜ、Bを加えて泡立て器で混ぜ合わせる。

2　型に1を流し入れ、15cmほど持ち上げて2度落とし、粗めの気泡を抜く。170度に温めたオーブンで40〜50分焼き、取り出してケーキクーラーにのせる。型の内側に沿ってナイフを入れ、生地と型を離してから粗熱を取り、冷蔵室に移して半日〜1日冷やす。

SIMPLE CHEESECAKE
04# メープルキウイのチーズケーキ

メープル風味のチーズ生地とキウイが層になり、どこを食べても美味。
キウイは大きく切ると生地に沈むので、スライスしてのせましょう。

[材料] 直径15cmの丸型（底が抜けるタイプ）1台分

クリームチーズ … 200g
バター（無塩）… 50g
キウイ … 1個
A グラニュー糖 … 40g
　薄力粉 … 大さじ1
B 卵 … 1個
　メープルシロップ … 大さじ2

[下準備]

• クリームチーズ、バターは室温にもどす。
• キウイは皮をむき、3mm厚さの輪切りにする。

[作り方]

1　ボウルにAを入れ、スプーンの背でボウルの側面に押しつけるようにして混ぜる。クリームチーズ、バターを加え、へらでボウルの側面に押しつけるようにしてなめらかになるまで練り混ぜ、Bを加えて泡立て器で混ぜ合わせる。

2　型に1の半量を流し入れ、キウイの半量を並べる。残りの1とキウイを同様に入れ、15cmほど持ち上げて2度落とし、粗めの気泡を抜く。170度に温めたオーブンで40〜50分焼き、取り出してケーキクーラーにのせる。型の内側に沿ってナイフを入れ、生地と型を離してから粗熱を取り、冷蔵室に移して半日〜1日冷やす。

SIMPLE CHEESECAKE 05# りんごのアップサイドダウンチーズケーキ

食べるときに上下を返せば、美しく並んだりんごの虜に。
目で楽しめ、口にするとおいしい、至福のチーズケーキです。

[材料] 20.5×16×3cmのバット1台分

クリームチーズ…200g
バター(無塩)…50g
りんご(紅玉)…1個
A グラニュー糖…50g
　薄力粉…大さじ1と1/2
B 卵…1個
　ヨーグルト(無糖)…大さじ1
グラニュー糖…小さじ1

[下準備]

- クリームチーズ、バターは室温にもどす。
- りんごは4つ割りにして芯を除き、2mm厚さの半月切りにする。

[作り方]

1. ボウルに**A**を入れ、スプーンの背でボウルの側面に押しつけるようにして混ぜる。クリームチーズ、バターを加え、へらでボウルの側面に押しつけるようにしてなめらかになるまで練り混ぜ、**B**を加えて泡立て器で混ぜ合わせる。

2. オーブン用シートを敷いたバットにグラニュー糖を散らし、りんごを少し重ねるようにして並べる。上から**1**を流し入れ、15cmほど持ち上げて2度落とし、粗めの気泡を抜く。170度に温めたオーブンで50〜60分焼き、取り出してケーキクーラーにのせて粗熱を取る。冷蔵室に移し、半日〜1日冷やす。

POINT

グラニュー糖を散らしてからりんごを並べると、表面がほんのりキャラメル色になります。りんごなど水分の多いフルーツを加えるときは、丸型よりも高さの低いバットを使用して少し長めに焼きましょう。丸型だと水分が抜けず、水っぽい仕上がりに。

SIMPLE CHEESECAKE
06# 桜と甘酒のチーズケーキ

塩みと苦みのバランスが絶妙！ 桜の塩漬けで風味豊かな一品に。
甘酒は濃縮タイプを活用することで、香りと甘みをしっかりと感じられます。

[材料] 直径15cmの丸型（底が抜けるタイプ）1台分

クリームチーズ … 200g
バター（無塩）… 30g
桜の塩漬け … 10個
A グラニュー糖 … 30g
  薄力粉 … 大さじ1
B 溶き卵 … 1/2個分
  甘酒（濃縮タイプ）… 50mℓ

[下準備]

● クリームチーズ、バターは室温にもどす。
● 桜の塩漬けは水でふり洗いして余分な塩を落とし、水に15分つけて塩抜きをする。ペーパータオルで水けをふいて飾り用に4個取っておき、残りをみじん切りにする。

[作り方]

1 ボウルに**A**を入れ、スプーンの背でボウルの側面に押しつけるようにして混ぜる。クリームチーズ、バター、みじん切りにした桜の塩漬けを加え、へらでボウルの側面に押しつけるようにしてなめらかになるまで練り混ぜ、**B**を加えて泡立て器で混ぜ合わせる。

2 型に**1**を流し入れ、15cmほど持ち上げて2度落とし、粗めの気泡を抜く。飾り用の桜の塩漬けをのせて170度に温めたオーブンで40〜50分焼き、取り出してケーキクーラーにのせる。型の内側に沿ってナイフを入れ、生地と型を離してから粗熱を取り、冷蔵室に移して半日〜1日冷やす。

SIMPLE CHEESECAKE
07# バジルパインのチーズケーキ

パイナップルとバジルの組み合わせで、新鮮なおいしさへと導きます。
好みのフルーツをのせるだけで、手軽にアレンジも可能。

[材料] 20.5×16×3cmのバット1台分

クリームチーズ … 200g
バター（無塩）… 50g
パイナップル … 100g
A グラニュー糖 … 50g
  薄力粉 … 大さじ1と1/2
卵 … 1個
バジルの葉 … 10〜15枚

[下準備]

● クリームチーズ、バターは室温にもどす。
● パイナップルは3〜4cm大に切る。

[作り方]

1 ボウルに**A**を入れ、スプーンの背でボウルの側面に押しつけるようにして混ぜる。クリームチーズ、バターを加え、へらでボウルの側面に押しつけるようにしてなめらかになるまで練り混ぜ、卵を加えて泡立て器で混ぜ合わせる。

2 オーブン用シートを敷いたバットに**1**を流し入れ、15cmほど持ち上げて2度落とし、粗めの気泡を抜く。パイナップルとバジルを散らして170度に温めたオーブンで50〜60分焼き、取り出してケーキクーラーにのせて粗熱を取る。冷蔵室に移し、半日〜1日冷やす。

MILKY CHEESECAKE

酸味を加えずに作る、まろやかなおいしさに笑顔がこぼれます。
ボトムもミルクビスケットを用いてやさしい味にすると、生地との一体感が倍増！
生地は泡立て器で混ぜすぎると、加熱時に表面がふくれて火が入りすぎるので注意。

MILKY CHEESECAKE 01# | ミルキーチーズケーキ

おだやかな甘さが後を引き、やみつきになる味わいに。
スティック状に切って1つずつ包めば、プレゼントとしても喜ばれます。

[材料] 20.5×16×3cmのバット1台分

クリームチーズ … 200g
バター(無塩) … 15g
ビスケット … 6枚

A グラニュー糖 … 50g
　薄力粉 … 大さじ1
B 卵 … 1個
　卵黄 … 1個分
　生クリーム … 100㎖

[下準備]

- クリームチーズは室温にもどす。
- バターは電子レンジで10～15秒温めて溶かす。

[作り方]

1. ボトムを作る

ビスケットを細かくつぶしてボウルに入れ、溶かしたバターを加えて混ぜ合わせる。

オーブン用シートを敷いたバットに敷き詰め、スプーンの背で押して平らにならす。

2. 生地を混ぜる

ボウルに**A**を入れ、スプーンの背でボウルの側面に押しつけるようにして混ぜる。

クリームチーズを加え、へらでボウルの側面に押しつけるようにしてなめらかになるまで練り混ぜ、

3. 焼く

Bを加えて

泡立て器で混ぜ合わせる。

バットに生地を流し入れ、15cmほど持ち上げて2度落とし、粗めの気泡を抜く。

へらで表面を平らにならし、170度に温めたオーブンで40～50分焼く。取り出してケーキクーラーにのせて粗熱を取り、冷蔵室に移して半日～1日冷やす。

MILKY CHEESECAKE
02#

コーヒーアーモンドチーズケーキ

インスタントコーヒーは水と合わせてから加えると、生地にキレイに混ざります。
ふわっと広がるコーヒーの香りで、幸せなおやつタイムをどうぞ。

[材料] 直径15cmの丸型(底が抜けるタイプ)1台分

クリームチーズ … 200g
バター(無塩) … 15g
A コーヒー(粉末) … 大さじ1
　水 … 小さじ1
ビスケット … 6枚
B グラニュー糖 … 50g
　薄力粉 … 大さじ1
C 卵 … 1個
　卵黄 … 1個分
　生クリーム … 80㎖
スライスアーモンド … 30g

[下準備]

• クリームチーズは室温にもどす。
• バターは電子レンジで10～15秒温めて溶かす。
• **A**は混ぜ合わせる。

[作り方]

1 ビスケットを細かくつぶしてボウルに入れ、溶かしたバターを加えて混ぜ合わせる。型に敷き詰めてラップをかぶせ、手で押して平らにならす。

2 ボウルに**B**を入れ、スプーンの背でボウルの側面に押しつけるようにして混ぜ、クリームチーズを加えてへらでボウルの側面に押しつけるようにしてなめらかになるまで練り混ぜる。**C**を加えて泡立て器で混ぜ合わせ、**A**も加えて混ぜる。

3 **1**に**2**を流し入れ、15cmほど持ち上げて2度落とし、粗めの気泡を抜く。へらで表面を平らにならしてアーモンドを散らし、170度に温めたオーブンで40～50分焼く。取り出してケーキクーラーにのせて粗熱を取り、冷蔵室に移して半日～1日冷やす。

MILKY CHEESECAKE
03#

あずき入り抹茶チーズケーキ

あずきの素朴な甘みが抹茶の苦みをほどよく引き立てます。
抹茶は湯で溶くことで、香りをしっかり出しましょう。

[材料] 直径15cmの丸型(底が抜けるタイプ)1台分

クリームチーズ … 200g
バター(無塩) … 15g
A 湯 … 大さじ1
　抹茶 … 小さじ2
ビスケット … 6枚
B グラニュー糖 … 50g
　薄力粉 … 大さじ1
C 卵 … 1個
　卵黄 … 1個分
　生クリーム … 100㎖
あずき(甘納豆) … 100g

[下準備]

• クリームチーズは室温にもどす。
• バターは電子レンジで10～15秒温めて溶かす。
• **A**は混ぜ合わせる。

[作り方]

1 ビスケットを細かくつぶしてボウルに入れ、溶かしたバターを加えて混ぜ合わせる。型に敷き詰めてラップをかぶせ、手で押して平らにならす。

2 ボウルに**B**を入れ、スプーンの背でボウルの側面に押しつけるようにして混ぜ、クリームチーズを加えてへらでボウルの側面に押しつけるようにしてなめらかになるまで練り混ぜる。**C**を加えて泡立て器で混ぜ合わせ、**A**も加えて混ぜる。

3 **1**に**2**を流し入れ、15cmほど持ち上げて2度落とし、粗めの気泡を抜く。へらで表面を平らにならしてあずきを散らし、170度に温めたオーブンで40～50分焼く。取り出してケーキクーラーにのせて粗熱を取り、冷蔵室に移して半日～1日冷やす。

MILKY CHEESECAKE
04# メープルパンプキンチーズケーキ

かぼちゃによって甘みや水分量が異なるので、型に流す前に味見を！
甘くなければグラニュー糖、水分が多ければ薄力粉をそれぞれ30gまでなら、加えてOKです。

[材料] 20.5×16×3cmのバット1台分

クリームチーズ … 200g
かぼちゃ (正味) … 200g
バター (無塩) … 15g
ビスケット … 6枚
A グラニュー糖 … 40g
　 薄力粉 … 大さじ1
B 卵黄 … 2個分
　 生クリーム … 80㎖
　 メープルシロップ … 大さじ2

[下準備]

• クリームチーズは室温にもどす。
• かぼちゃは3cm角に切って耐熱皿に並べ、ラップをかけて電子レンジで5分加熱し、取り出す。熱いうちに2/3量は皮を取り除き、残りは1cm角に切る。
• バターは電子レンジで10〜15秒温めて溶かす。

[作り方]

1 ビスケットを細かくつぶしてボウルに入れ、溶かしたバターを加えて混ぜ合わせる。オーブン用シートを敷いたバットに敷き詰め、スプーンの背で押して平らにならす。

2 ボウルに**A**を入れ、スプーンの背でボウルの側面に押しつけるようにして混ぜる。クリームチーズ、皮を除いたかぼちゃを加え、へらでボウルの側面に押しつけるようにしてなめらかになるまで練り混ぜ、**B**を加えて泡立て器で混ぜ合わせる。

3 **1**に**2**を流し入れ、15cmほど持ち上げて2度落とし、粗めの気泡を抜く。へらで表面を平らにならして残りのかぼちゃを散らし、170度に温めたオーブンで40〜50分焼く。取り出してケーキクーラーにのせて粗熱を取り、冷蔵室に移して半日〜1日冷やす。

MILKY CHEESECAKE
05# ハニーココナッツチーズケーキ

ココナッツミルク×はちみつで、コクのある甘みをたっぷり感じられます。
こんがり焼けたココナッツの食感も、たまらないおいしさ。

[材料] 20.5×16×3cmのバット1台分

クリームチーズ … 200g
バター (無塩) … 15g
ビスケット … 6枚
A グラニュー糖 … 40g
　 薄力粉 … 大さじ1
B 卵 … 1個
　 卵黄 … 1個分
　 ココナッツミルク … 80㎖
　 はちみつ … 大さじ2
ココナッツ (ロング) … 30g

[下準備]

• クリームチーズは室温にもどす。
• バターは電子レンジで10〜15秒温めて溶かす。

[作り方]

1 ビスケットを細かくつぶしてボウルに入れ、溶かしたバターを加えて混ぜ合わせる。オーブン用シートを敷いたバットに敷き詰め、スプーンの背で押して平らにならす。

2 ボウルに**A**を入れ、スプーンの背でボウルの側面に押しつけるようにして混ぜる。クリームチーズを加え、へらでボウルの側面に押しつけるようにしてなめらかになるまで練り混ぜ、**B**を加えて泡立て器で混ぜ合わせる。

3 **1**に**2**を流し入れ、15cmほど持ち上げて2度落とし、粗めの気泡を抜く。へらで表面を平らにならしてココナッツを散らし、170度に温めたオーブンで40〜50分焼く。取り出してケーキクーラーにのせて粗熱を取り、冷蔵室に移して半日〜1日冷やす。

MILKY CHEESECAKE

06# スパイスチャイのチーズケーキ

ボトムに紅茶、生地にシナモンやしょうがを加えた、香り高い味わい。
上面に散らしたビスケットのザクザク感も食欲を刺激します。

[材料] 直径15cmの丸型（底が抜けるタイプ）1台分

クリームチーズ … 200g
バター（無塩）… 15g
ビスケット … 8 枚
紅茶の茶葉 … ティーバッグ1袋（約3g）
A グラニュー糖 … 50g
　薄力粉 … 大さじ1
　シナモンパウダー … 小さじ1/3
　カルダモンパウダー … あれば少々
B 卵 … 1個
　卵黄 … 1個分
　生クリーム … 100ml
　しょうがのしぼり汁 … 小さじ2

[下準備]

• クリームチーズは室温にもどす。
• バターは電子レンジで10〜15秒温めて溶かす。

[作り方]

1　ビスケット6枚を細かくつぶしてボウルに入れ、溶かしたバター、紅茶の茶葉を加えて混ぜ合わせる。型に敷き詰めてラップをかぶせ、手で押して平らにならす。

2　ボウルに**A**を入れ、スプーンの背でボウルの側面に押しつけるようにして混ぜる。クリームチーズを加え、へらでボウルの側面に押しつけるようにしてなめらかになるまで練り混ぜ、**B**を加えて泡立て器で混ぜ合わせる。

3　**1**に**2**を流し入れ、15cmほど持ち上げて2度落とし、粗めの気泡を抜く。へらで表面を平らにならして残りのビスケットを割りながら散らし、170度に温めたオーブンで40〜50分焼く。取り出してケーキクーラーにのせて粗熱を取り、冷蔵室に移して半日〜1日冷やす。

MILKY CHEESECAKE 07# バスク風チーズケーキ

はちみつを加えて高温で焼き、真っ黒に仕上げるのがバスク風の特徴。
甘さを控えた卵ベースの生地に、ほんのり苦みが加わった格別の味です。

[材料] 20.5×16×3cmのバット1台分

クリームチーズ … 400g
卵 … 2個
A グラニュー糖 … 80g
　薄力粉 … 大さじ1
B 生クリーム … 150mℓ
　はちみつ … 大さじ1

[下準備]

- クリームチーズ、卵は室温にもどす。

[作り方]

1　ボウルに**A**を入れ、スプーンの背でボウルの側面に押しつけるようにして混ぜる。クリームチーズを加え、へらでボウルの側面に押しつけるようにしてなめらかになるまで練り混ぜ、**B**、卵を加えて泡立て器で混ぜ合わせる。

2　オーブン用シートを敷いたバットに**1**を流し入れ、15cmほど持ち上げて2度落とし、粗めの気泡を抜く。へらで表面を平らにならし、230度に温めたオーブンで30〜35分焼く。取り出してケーキクーラーにのせて粗熱を取り、冷蔵室に移して半日〜1日冷やす。

POINT

ほかのチーズケーキよりも卵の量が多く、さらに高温で一気に焼くことで、途中、生地が大きく盛り上がります。焼いているときに型から生地がこぼれ落ちないよう、オーブン用シートは通常よりもひとまわり以上大きく敷いておきましょう。

STEAMED CHEESECAKE

「蒸し焼き」×「サワークリーム」効果で、しっとりやわらかな食感を楽しめます。
焼くときに注ぐ湯は、湯気が上がりはじめた熱すぎない温度がベスト！
熱湯を注ぐと、生地に火が一気に入って口当たりがボソボソッとしてしまいます。

STEAMED CHEESECAKE 01# 蒸し焼きチーズケーキ

さわやかなチーズ生地とボトムの香ばしさが相性ぴったり。
とろけるような、なめらかな口当たりをたっぷり堪能してください。

[材料] 直径15cmの丸型（底が抜けるタイプ）1台分

クリームチーズ … 200g
サワークリーム … 90g
バター（無塩）… 15g
グラハムビスケット … 6枚

A グラニュー糖 … 50g
　薄力粉 … 大さじ1
B 卵黄 … 2個分
　レモンのしぼり汁 … 大さじ1

[下準備]

- クリームチーズ、サワークリームは室温にもどす。
- バターは電子レンジで10〜15秒温めて溶かす。

[作り方]

1. ボトムを作る

グラハムビスケットを細かくつぶしてボウルに入れ、溶かしたバターを加えて混ぜ合わせる。

型に敷き詰めてラップをかぶせ、手で押して平らにならす。

2. 生地を混ぜる

ボウルにAを入れ、スプーンの背でボウルの側面に押しつけるようにして混ぜる。

クリームチーズ、サワークリームを加え、へらでボウルの側面に押しつけるようにしてなめらかになるまで練り混ぜ、

3. 焼く

Bを加えて泡立て器で混ぜ合わせる。

型に生地を流し入れ、15cmほど持ち上げて2度落とし、粗めの気泡を抜く。

へらで表面を平らにならし、型の周囲をアルミホイルで包む。ペーパータオルを敷いた天板に置いて170度に温めたオーブンに入れ、

湯(50〜60度)を型の高さ1〜2cmまで注いで40〜50分焼く。取り出してケーキクーラーにのせて粗熱を取り、冷蔵室に移して半日〜1日冷やす。

STEAMED CHEESECAKE 02#

ニューヨークチーズケーキ

クリームチーズ400gで作る、ずっしりとした食べごたえが魅力。
濃厚な味に飽きないよう、白ワインで上品な酸味を加えています。

[材料] 直径15cmの丸型（底が抜けるタイプ）1台分

クリームチーズ … 400g
サワークリーム … 100g
バター（無塩）… 15g
グラハムビスケット … 6枚
グラニュー糖 … 大さじ1
A グラニュー糖 … 90g
　 薄力粉 … 大さじ1と1/2
B 卵黄 … 2個分
　 白ワイン … 大さじ2

[下準備]

• クリームチーズ、サワークリームは
　室温にもどす。
• バターは電子レンジで10〜15
　秒温めて溶かす。

[作り方]

1　グラハムビスケットを細かくつぶしてボウルに入れ、溶かしたバター、グラニュー糖を加えて混ぜ合わせる。型に敷き詰めてラップをかぶせ、手で押して平らにならす。

2　ボウルにAを入れ、スプーンの背でボウルの側面に押しつけるようにして混ぜる。クリームチーズ、サワークリームを加え、へらでボウルの側面に押しつけるようにしてなめらかになるまで練り混ぜ、Bを加えて泡立て器で混ぜ合わせる。

3　1に2を流し入れ、15cmほど持ち上げて2度落とし、粗めの気泡を抜く。へらで表面を平らにならし、型の周囲をアルミホイルで包む。ペーパータオルを敷いた天板に置いて170度に温めたオーブンに入れ、湯（50〜60度）を型の高さ1〜2cmまで注いで40〜50分焼く。取り出してケーキクーラーにのせて粗熱を取り、冷蔵室に移して半日〜1日冷やす。

STEAMED CHEESECAKE 03#

ライムミントのチーズケーキ

茶葉はボトムに加えることで、なめらかな生地を保ちつつ香りをプラスできます。
ライムとミントのさわやかさが味を引き締めてくれます。

[材料] 直径15cmの丸型（底が抜けるタイプ）1台分

クリームチーズ … 200g
サワークリーム … 70g
バター（無塩）… 15g
グラハムビスケット … 6枚
ミントティーの茶葉 … ティーバッグ1袋（約3g）
A グラニュー糖 … 60g
　 薄力粉 … 大さじ1
B 卵黄 … 2個分
　 ライムのしぼり汁 … 大さじ2
ライムの皮のすりおろし … 1個分

[下準備]

• クリームチーズ、サワークリームは
　室温にもどす。
• バターは電子レンジで10〜15
　秒温めて溶かす。

[作り方]

1　グラハムビスケットを細かくつぶしてボウルに入れ、溶かしたバター、ミントティーの茶葉を加えて混ぜ合わせる。型に敷き詰めてラップをかぶせ、手で押して平らにならす。

2　ボウルにAを入れ、スプーンの背でボウルの側面に押しつけるようにして混ぜる。クリームチーズ、サワークリームを加え、へらでボウルの側面に押しつけるようにしてなめらかになるまで練り混ぜ、Bを加えて泡立て器で混ぜ合わせる。

3　1に2を流し入れ、15cmほど持ち上げて2度落とし、粗めの気泡を抜く。へらで表面を平らにならしてライムの皮を散らし、型の周囲をアルミホイルで包む。ペーパータオルを敷いた天板に置いて170度に温めたオーブンに入れ、湯（50〜60度）を型の高さ1〜2cmまで注いで40〜50分焼く。取り出してケーキクーラーにのせて粗熱を取り、冷蔵室に移して半日〜1日冷やす。

STEAMED CHEESECAKE 04#

ピーカンナッツとバナナのチーズケーキ

バナナを生地にも混ぜることで、ジューシーな甘さが口いっぱいに！
ナッツの香ばしさと濃密なチーズ生地のコントラストを楽しんでください。

[材料] 20.5×16×3cmのバット1台分

クリームチーズ … 200g
サワークリーム … 90g
ピーカンナッツ（ロa-ストタイプ） … 50g
バター（無塩） … 15g
グラハムビスケット … 6枚
バナナ … 2本
A グラニュー糖 … 50g
　薄力粉 … 大さじ1
卵黄 … 2個分

[下準備]

• クリームチーズ、サワークリームは
　室温にもどす。
• ピーカンナッツは粗く刻む。
• バターは電子レンジで10～15
　秒温めて溶かす。

[作り方]

1 グラハムビスケットを細かくつぶして
ボウルに入れ、溶かしたバターを加え
て混ぜ合わせる。オーブン用シートを
敷いたバットに敷き詰め、スプーンの
背で押して平らにならす。バナナは縦
半分に切って1切れをフォークの背で
粗くつぶし、3切れをバットに並べ入
れる。

2 ボウルに**A**を入れ、スプーンの背でボ
ウルの側面に押しつけるようにして混
ぜる。クリームチーズ、サワークリー
ム、つぶしたバナナを加え、へらでボ
ウルの側面に押しつけるようにしてな
めらかになるまで練り混ぜ、卵黄を加
えて泡立て器で混ぜ合わせる。

3 バットに**2**を流し入れ、15cmほど持ち
上げて2度落とし、粗めの気泡を抜く。
へらで表面を平らにならしてピーカン
ナッツを散らし、バットの周囲をアル
ミホイルで包む。ペーパータオルを敷
いた天板に置いて170度に温めたオー
ブンに入れ、湯（50～60度）を型の高
さ約1cmまで注いで40～50分焼く。
取り出してケーキクーラーにのせて粗
熱を取り、冷蔵室に移して半日～1日
冷やす。

STEAMED CHEESECAKE
05# ベリーチーズケーキ

冷凍ベリーをたくさん入れるので、薄力粉を少し多めに調整しています。
甘酸っぱいベリー × チーズで、みんなに愛される味わいに。

[材料] 直径15cmの丸型（底が抜けるタイプ）1台分

クリームチーズ … 200g
サワークリーム … 90g
バター（無塩）… 15g
グラハムビスケット … 6枚
A グラニュー糖 … 50g
　　薄力粉 … 大さじ1と1/2
卵黄 … 2個分
ミックスベリー（冷凍）… 150g

[下準備]

• クリームチーズ、サワークリームは室温にもどす。
• バターは電子レンジで10〜15秒温めて溶かす。

[作り方]

1 グラハムビスケットを細かくつぶしてボウルに入れ、溶かしたバターを加えて混ぜ合わせる。型に敷き詰めてラップをかぶせ、手で押して平らにならす。

2 ボウルに**A**を入れ、スプーンの背でボウルの側面に押しつけるようにして混ぜる。クリームチーズ、サワークリームを加え、へらでボウルの側面に押しつけるようにしてなめらかになるまで練り混ぜ、卵黄とミックスベリーの半量を加えて泡立て器で混ぜ合わせる。

3 **1**に**2**を流し入れ、15cmほど持ち上げて2度落とし、粗めの気泡を抜く。へらで表面を平らにならして残りのミックスベリーを散らし、型の周囲をアルミホイルで包む。ペーパータオルを敷いた天板に置いて170度に温めたオーブンに入れ、湯（50〜60度）を型の高さ1〜2cmまで注いで40〜50分焼く。取り出してケーキクーラーにのせて粗熱を取り、冷蔵室に移して半日〜1日冷やす。

STEAMED CHEESECAKE
06# 赤ワインプルーンのチーズケーキ

赤ワインの色味が生地に混ざり、洗練された仕上がりに。
芳醇な風味が広がる贅沢な一品は、おもてなしにも最適です。

[材料] 直径15cmの丸型（底が抜けるタイプ）1台分

クリームチーズ … 200g
サワークリーム … 50g
バター（無塩）… 15g
グラハムビスケット … 6枚
A グラニュー糖 … 50g
　　薄力粉 … 大さじ1
B 卵黄 … 2個分
　　赤ワイン … 大さじ2
プルーン（種抜きのもの）… 8個
赤ワイン … 小さじ1

[下準備]

• クリームチーズ、サワークリームは室温にもどす。
• バターは電子レンジで10〜15秒温めて溶かす。

[作り方]

1 グラハムビスケットを細かくつぶしてボウルに入れ、溶かしたバターを加えて混ぜ合わせる。型に敷き詰めてラップをかぶせ、手で押して平らにならす。

2 ボウルに**A**を入れ、スプーンの背でボウルの側面に押しつけるようにして混ぜる。クリームチーズ、サワークリームを加え、へらでボウルの側面に押しつけるようにしてなめらかになるまで練り混ぜ、**B**を加えて泡立て器で混ぜ合わせる。

3 **1**に**2**を流し入れ、15cmほど持ち上げて2度落とし、粗めの気泡を抜く。へらで表面を平らにならしてプルーンを散らし、赤ワインをさっとかけて型の周囲をアルミホイルで包む。ペーパータオルを敷いた天板に置いて170度に温めたオーブンに入れ、湯（50〜60度）を型の高さ1〜2cmまで注いで40〜50分焼く。取り出してケーキクーラーにのせて粗熱を取り、冷蔵室に移して半日〜1日冷やす。

CHEESE BAKE Q&A

簡単なレシピでも、作り方の「？」を解消しておくことはとっても大切。
おいしく作るためのコツと理由をしっかり押さえて、
成功する喜びや、"おいしい！"と言われる喜びを味わいましょう。

Q1 材料を室温にもどしたり、冷やしたりするのはなぜ？

A クリームチーズ、バター、卵などは、冷たいまま混ぜるとほかの材料とよく混ざらずに固まってしまい、「分離」する原因に。CHEESE BAKEでは生地をなめらかに混ぜることが重要なので、しっかりと常温にもどすことが不可欠です。また、「サブレ」などで材料を冷やすのは、軽い食感に仕上げるため。バターは冷えた材料と混ぜてなるべく溶かさないようにし、焼きながら溶かしていくことでサクサクの食感に。

Q2 チーズケーキの粉類はふるわなくていいの？

A はじめに粉類と砂糖を均一になるまですり混ぜれば、ふるわなくてもOK。すり混ぜることで、砂糖の粒が粉のダマを除いてサラサラの状態にしてくれます。

Q3 チーズケーキの生地はこさなくていいの？

A この本では、面倒な手間をできる限り省いて作りやすくするため、「クリームチーズと砂糖をボウルの側面に押しつけるようにしてなめらかに混ぜる」ことで、生地をこさなくても口溶けよく仕上がるレシピにしています。「生地を焼く前にこし器でこし、なめらかな食感にする」という、チーズケーキを作る際の一般的な工程は必要ありません。

Q4 ボトムに使うビスケット、どうやって細かくするの？

A ビスケットを適当な大きさに手で割ってから保存袋に入れ、上からめん棒を転がしましょう。しっかりすりつぶしておくことで、見栄えよく、密度の高いボトムになります。

Q5 焼く前に型を持ち上げて落とす作業……2回以上落としたらダメ？

A 2回以上落とすと、型のすき間に生地が入り込んだり、ボトムにヒビが入ってしまったりと失敗の原因に。生地内の空気が抜ければいいので、落とす回数は2回で充分です。

Q6 シンプルチーズケーキ(P12〜21)だけ、焼き上がりにナイフを入れるのはなぜ？

A シンプルチーズケーキはほかのチーズケーキと比べるとバターの量が多めで、生地が型にくっつきやすいです。焼けた直後にナイフを入れて生地と型を離しておくことで、生地が型にくっついてはがれてしまうのを防ぎます。

Q7 チーズケーキを型からキレイにはずすコツは？

A 丸型で作る場合は、必ずケーキを取り出しやすい"底面が抜けるタイプ"を使用しましょう。さらに生地は冷やしてから抜くことで、加熱後のふくらんだ状態が落ち着いて取り出しやすくなります。また、厚手のガラスカップや瓶、缶詰など、安定感のあるものにのせてから底面を押し上げることで、スムーズにはずすことができます。

Q8 焼き色や火の通り具合にムラが出ないようにするには？

A 焼いている途中で、型の前後左右を入れかえましょう。位置をかえることで加熱具合に変化が出て、焼き色や火の通り加減が均一になります。

"NOT BAKE" CHEESE

プルンとクリーミーな口溶けが感動的なレアチーズケーキから、
濃厚チーズアイスまで。ひんやりおいしい、とっておきのスイーツをお届けします。
火を通してないからこそ味わえるなめらかな食感やさわやかさをぜひ。

"NOT BAKE" CHEESE 01# レアチーズケーキ

白ワインの風味で、ほんのり大人味にまとめた絶品ケーキ。
ゼラチンをふやかす際は、"水分→粉ゼラチン"の順で入れるとダマになりません。

[材料] 直径15cmの丸型（底が抜けるタイプ）1台分

クリームチーズ…200g
バター（無塩）…15g
A 白ワイン（なければ水）
　　…大さじ1
　　粉ゼラチン…5g

ビスケット…6枚
グラニュー糖…70g
B ヨーグルト（無糖）…100g
　　生クリーム…100mℓ

[下準備]

- クリームチーズは室温にもどす。
- バターは電子レンジで10〜15秒温めて溶かす。
- **A**の白ワインを耐熱皿に入れ、粉ゼラチンをふり入れてふやかす。

[作り方]

1. ボトムを作る

ビスケットを細かくつぶしてボウルに入れ、溶かしたバターを加えて混ぜ合わせる。型に敷き詰めてラップをかぶせ、手で押して平らにならす。

2. 生地を混ぜる

ボウルにグラニュー糖、クリームチーズを入れ、へらでボウルの側面に押しつけるようにしてなめらかになるまで練り混ぜ、

Bを加えて

泡立て器で混ぜ合わせる。

3. 冷やし固める

Aを電子レンジで10〜15秒温めて溶かし、生地に加えて手早く混ぜ合わせる。

型に生地を流し入れ、15cmほど持ち上げて2度落とし、粗めの気泡を抜く。

型を2〜3回まわして平らにならし、冷蔵室に移して半日冷やす。

"NOT BAKE" CHEESE 02# オレンジのレアチーズケーキ

オレンジのさっぱりとした甘みが口の中で溶ける、極上デザート。
生クリームやジュースを加えたら、分離しないようにしっかり混ぜましょう。

[材料] 直径8cm×高さ6cmのガラス容器4個分

クリームチーズ … 200g
A 水 … 大さじ1
　粉ゼラチン … 5g
グラニュー糖 … 50g
B 生クリーム … 100㎖
　オレンジジュース … 70㎖
マーマレード … 好みで適量

[下準備]
- クリームチーズは室温にもどす。
- Aの水を耐熱皿に入れ、粉ゼラチンをふり入れてふやかす。

[作り方]

1 ボウルにグラニュー糖、クリームチーズを入れ、へらでボウルの側面に押しつけるようにしてなめらかになるまで練り混ぜ、Bを加えて泡立て器で混ぜ合わせる。Aを電子レンジで10〜15秒温めて溶かし、生地に加えて手早く混ぜ合わせる。

2 1をガラス容器に均等に入れ、冷蔵室に移して半日冷やす。食べるときに好みでマーマレードをのせる。

チーズアイス

"NOT BAKE" CHEESE 03#

混ぜて凍らせるだけ！ 作業時間はあっという間の自家製アイス。
濃厚さとさわやかさを感じる、絶妙な味にハマります。

[材料]　20.5×16×3cmのバット1台分

クリームチーズ … 200g
グラニュー糖 … 50g
A 生クリーム … 200㎖
　ヨーグルト(無糖) … 大さじ2

[下準備]

- クリームチーズは室温にもどす。

[作り方]

1 ボウルにグラニュー糖、クリームチーズを入れ、へらでボウルの側面に押しつけるようにしてなめらかになるまで練り混ぜ、Aを加えて泡立て器で混ぜ合わせる。

2 1をバットに流し入れ、冷凍室に移して3時間以上冷やす。

材料のこと
INGREDIENTS

材料費が高いから作るのをやめよう……　なんてことにならないよう、スーパーなどで手軽に買えるものを使用しています。
「思い立ったらすぐ作れる！」ことも、CHEESE BAKEの魅力です。

□ クリームチーズ

チーズケーキでは200g、クッキーでは50〜100gを目安に使用しています。メーカーにこだわりはありませんので、お菓子で使用する分量によって商品を選ぶと、計量する手間が省けるほか、中途半端な量が残ることもありません。

□ ヨーグルト・サワークリーム

サワークリームはヨーグルトよりも強い酸味やコクを生地にプラスすることができます。ヨーグルトは、さわやかな酸味だけを加えて余分な甘さを加えないよう、無糖タイプを選んでください。サワークリームもヨーグルトも、手に入るもので大丈夫です。

□ 生クリーム

乳脂肪分42％のものを使用していますが、乳脂肪分は35〜47％と商品によって異なりますので、好みのものでどうぞ。選ぶときの目安としては、数値が低いとあっさりとした口当たりで、高くなると濃厚なコクが出てきます。

□ ビスケット

ケーキのボトムには、ミルク風味のビスケットとグラハム（全粒粉）ビスケットを使用。材料内で「ビスケット」と明記しているものはミルク風味のもので、まろやかな味わいのボトムに。「グラハムビスケット」は食べごたえのある香ばしいボトムになります。

(46)

☐ 砂糖・はちみつ

お菓子によって上白糖、きび砂糖、グラニュー糖、はちみつなどを使い分けています。主に材料内で「砂糖」と明記しているのは「上白糖」のことです。粒が大きいグラニュー糖は生地をなめらかにするときに、はちみつは風味を良くしたいときに活用。

☐ 卵

すべてのお菓子で、卵はMサイズを使用しています。卵を1個以上使う場合は、なるべく室温にもどしておきましょう。冷蔵室から出した直後に使うと、混ぜるときにほかの材料が冷えて固まってしまい、生地が分離する原因になります。

☐ 薄力粉

ふだん使っているものや、手に入るものを使ってください。ただし、薄力粉などの粉類はにおいが移りやすく、湿気に弱いので、開封したら3〜4週間を目安に使い切りを。使い切れないときは、密閉用保存容器に入れて冷蔵室で保存してください。

☐ バター

食塩不使用のものを使っています。電子レンジで加熱する際は、10秒ずつ温めて様子を見ながら溶かしましょう。すべて溶けた状態でなくても、半分くらいが溶けた状態であれば、余熱で溶けてくるので取り出してOKです。

道具のこと
TOOL

ボウル、へら、泡立て器など、お菓子作りに必要な「基本の道具」があれば、1冊まるごと、どのレシピも作ることができます。
お手元にある道具でOKですが、サイズなどは参考までにチェックを。

☐ ボウル
直径20〜22cmのものを使用。材料をボウルの側面に押しつけるようにして混ぜるので、浅いものよりは少し深さがあると作業しやすいです。

☐ へら
シリコン製のものを使っていますが、木べらでも。作業をするときに力を入れやすいので、持ち手とへら部分が一体化したものが便利です。

☐ 泡立て器
水分の多い食材がほかの材料と分離しないよう、しっかり混ぜるために使います。サイズ感が大事で、柄がボウルの外にしっかり出るものがベスト。

☐ バット
20.5×16×3cmのホーロー製を使用。オーブン調理も冷凍も可能なので、チーズケーキにマドレーヌ、アイスまで作れる優れものです。

☐ オーブン用シート
シリコンやテフロンなどで特殊加工されている紙。作業中に生地がボードやバット、天板などにくっつくのを防いでくれます。

☐ カード
へらよりも薄手なので、生地をボウルの中でカットしたり、切り込みを入れるときに活用。ボウルに残った材料を集めるときにも重宝します。

☐ 型
チーズケーキで「直径15cm、底が抜けるタイプの丸型」、マフィンで「約27×18×3cmのマフィン型」を使用。普通の丸型を使用してしまうと、上下をひっくり返してからケーキを取り出さないといけないので、チーズケーキには不向き。必ず底が抜けるタイプで作ってください。また、丸型で作っているチーズケーキはバットでも同様に作ることができますが、型が浅くなるので、焼きすぎに注意を。マフィン型は、厚手の紙カップで作っても◎。

COOKIE

CHEESE BAKE

今日のおやつに、大切な人へのプレゼントに、
「作ろう!」と決めたら、あっという間にできてしまう
クッキーやマフィン、マドレーヌをご紹介。
簡単でおいしいのはもちろん、
食べるとなんだか幸せな気持ちになるお菓子は、
自分で作る喜びや、楽しさも教えてくれます。

BAKING SHEET COOKIE

大きくのばして、そのまま焼く、大胆な焼き菓子。
砂糖はグラニュー糖を使うことで、より一層カリッとした食感に！
生地は焼く前にフォークでしっかりと穴を開け、火の通りを均一にしましょう。

BAKING SHEET COOKIE 01#

天板チーズクッキー

焼き上がったら、切り込みに沿ってパキパキと割っていきます。
一度食べるとつい手がのびてしまう、軽やかなクッキー。

[材料] 約25×28cmの天板1枚分

クリームチーズ … 50g
A 薄力粉 … 150g
　 ベーキングパウダー
　　 … 小さじ1/3
グラニュー糖 … 40g
B 溶き卵 … 1/2個分
　 米油（またはサラダ油）… 大さじ2

[下準備]
- クリームチーズは室温にもどす。
- **A**は合わせてふるう。

[作り方]

1. 生地を混ぜる

ボウルにグラニュー糖、クリームチーズを入れ、へらでボウルの側面に押しつけるようにしてなめらかになるまで練り混ぜる。

Bを加えて混ぜ、

Aを加えて

粉けがなくなるまで混ぜる。

2. 成形する

生地をひとまとめにしてカードで半分に切ってから重ね、上から押してまとめる。同様にこの作業を3〜4回くり返す。

オーブン用シートの上に生地をのせ、めん棒で約3mm厚さ、22×26cmにのばす。

好みの大きさになるようにカードで切り込みを入れ、フォークで均等に穴を開ける。

3. 焼く

生地をオーブン用シートごと天板にのせ、180度に温めたオーブンで13〜15分焼く。取り出して天板にのせたまま冷ます。

BAKING SHEET COOKIE

02#

抹茶とチョコレートの天板クッキー

抹茶には、甘みの強いミルクチョコレートを合わせるのがオススメ！
三角形にカットすることで、見た目のかわいさもアップします。

[材料] 約25×28cmの天板1枚分

クリームチーズ … 50g
ミルクチョコレート … 1/2枚 (25g)
A 薄力粉 … 110g
　　抹茶 … 大さじ2
　　ベーキングパウダー … 小さじ1/3
グラニュー糖 … 40g
B 溶き卵 … 1/2個分
　　米油 (またはサラダ油) … 大さじ2

[下準備]

• クリームチーズは室温にもどす。
• チョコレートは刻む。
• **A**は合わせてふるう。

[作り方]

1 ボウルにグラニュー糖、クリームチーズを入れ、へらでボウルの側面に押しつけるようにしてなめらかになるまで練り混ぜる。**B**を加えて混ぜ、**A**を加えて粉けがなくなるまで混ぜる。チョコレートを加えて生地をひとまとめにし、カードで半分に切ってから重ね、上から押してまとめる。同様にこの作業を3〜4回くり返す。

2 オーブン用シートの上に**1**をのせ、めん棒で約3mm厚さ、22×26cmにのばす。好みの大きさになるようにカードで切り込みを入れ、フォークで均等に穴を開ける。

3 **2**をオーブン用シートごと天板にのせ、180度に温めたオーブンで13〜15分焼く。取り出して天板にのせたまま冷ます。

(55)

BAKING SHEET COOKIE 03# レモンピスタチオの天板クッキー

お店にも負けない、絶品の組み合わせをおうちでも。
クッキー生地とナッツのカリッカリッとした食感が心地よいおいしさに。

[材料] 約25×28cmの天板1枚分

クリームチーズ … 50g
ピスタチオ（ローストタイプ）… 50g
A 薄力粉 … 150g
　ベーキングパウダー … 小さじ1/3
グラニュー糖 … 40g
レモンの皮のすりおろし … 1個分
B 溶き卵 … 1/2個分
　米油（またはサラダ油）… 大さじ2

[下準備]

- クリームチーズは室温にもどす。
- ピスタチオは皮を除き、刻む。
- **A**は合わせてふるう。

[作り方]

1. ボウルにグラニュー糖、クリームチーズ、レモンの皮を入れ、へらでボウルの側面に押しつけるようにしてなめらかになるまで練り混ぜる。**B**を加えて混ぜ、**A**を加えて粉けがなくなるまで混ぜる。ピスタチオを加えて生地をひとまとめにし、カードで半分に切ってから重ね、上から押してまとめる。同様にこの作業を3〜4回くり返す。

2. オーブン用シートの上に**1**をのせ、めん棒で約3mm厚さ、22×26cmにのばす。好みの大きさになるようにカードで切り込みを入れ、フォークで均等に穴を開ける。

3. **2**をオーブン用シートごと天板にのせ、180度に温めたオーブンで13〜15分焼く。取り出して天板にのせたまま冷ます。

POINT

天板クッキーは3mm厚さにのばして薄焼きにするので、中に入れる具材も細かく刻むと◎。見た目もキレイにまとまります。

BAKING SHEET COOKIE 04# しょうがとほうじ茶の天板クッキー

茶葉は細かいほうが生地に混ざりやすいので、大きい場合は刻みましょう。
しょうがは皮ごと切ることで、より一層香りが生きてきます。

[材料] 約25×28cmの天板1枚分

クリームチーズ … 50g
A 薄力粉 … 140g
　ベーキングパウダー … 小さじ1/3
グラニュー糖 … 40g
しょうがのみじん切り … 1/2かけ分
ほうじ茶の茶葉
　… ティーバッグ1袋（約3g）
B 溶き卵 … 1/2個分
　米油（またはサラダ油）… 大さじ2

[下準備]

- クリームチーズは室温にもどす。
- **A**は合わせてふるう。

[作り方]

1. ボウルにグラニュー糖、クリームチーズ、しょうが、ほうじ茶の茶葉を入れ、へらでボウルの側面に押しつけるようにしてなめらかになるまで練り混ぜる。**B**を加えて混ぜ、**A**を加えて粉けがなくなるまで混ぜる。生地をひとまとめにしてカードで半分に切ってから重ね、上から押してまとめる。同様にこの作業を3〜4回くり返す。

2. オーブン用シートの上に**1**をのせ、めん棒で約3mm厚さ、22×26cmにのばす。好みの大きさになるようにカードで切り込みを入れ、フォークで均等に穴を開ける。

3. **2**をオーブン用シートごと天板にのせ、180度に温めたオーブンで13〜15分焼く。取り出して天板にのせたまま冷ます。

DROP COOKIE

ひとつひとつ焼き色や形が異なる、表情豊かなクッキー。
成形せず、生地を天板に並べて焼くことで素朴なおいしさになります。
生地は焼くと広がるので、天板に間隔をあけて並べましょう。

DROP COOKIE 01# | チーズドロップクッキー

レーズンの食感や甘酸っぱさがいいアクセント。
好みで薄力粉は全粒粉に、オートミールはグラノーラにかえても美味です。

[材料] 8〜10枚分

クリームチーズ … 50g
バター（無塩）… 20g
A 薄力粉 … 40g
　ベーキングパウダー
　　… 小さじ1/2
きび砂糖 … 40g
B 卵黄 … 1個分
　ヨーグルト（無糖）… 小さじ2
オートミール … 50g
レーズン … 30g

[下準備]

- クリームチーズ、バターは室温にもどす。
- **A**は合わせてふるう。

[作り方]

1. 生地を混ぜる

ボウルにクリームチーズ、バター、きび砂糖を入れ、へらでボウルの側面に押しつけるようにしてなめらかになるまで練り混ぜ、

Bを加えて同様に練り混ぜる。

A、オートミールを加えて粉っぽさが少し残るくらいにざっくりと混ぜ、

レーズンを加えてさっと混ぜ合わせる。

2. 形を整える

スプーンで生地を3〜4cm大にすくい、オーブン用シートを敷いた天板に間隔をあけて並べる。

フォークの背で生地の中心をへこませるようにして押し、直径5〜6cmに丸く形を整える。

3. 焼く

2を180度に温めたオーブンで15〜20分焼き、取り出して天板にのせたまま冷ます。

DROP COOKIE
02# チョコとバナナのドロップクッキー

手で大きめに割った板チョコレートとバナナチップで簡単にアレンジ。
みんなが大好きな味は、いつ食べてもおいしい幸せの味。

[材料] 10〜12枚分

クリームチーズ … 50g
バター（無塩）… 20g
ブラックチョコレート … 1/2枚（25g）
バナナチップ … 30g
A 薄力粉 … 40g
　ベーキングパウダー … 小さじ1/2
きび砂糖 … 40g
B 卵黄 … 1個分
　ヨーグルト（無糖）… 小さじ2
オートミール … 40g

[下準備]

- クリームチーズ、バターは室温にもどす。
- チョコレート、バナナチップは2〜3cm大に割る。
- **A**は合わせてふるう。

[作り方]

1　ボウルにクリームチーズ、バター、きび砂糖を入れ、へらでボウルの側面に押しつけるようにしてなめらかになるまで練り混ぜ、**B**を加えて同様に練り混ぜる。**A**、オートミールを加えて粉っぽさが少し残るくらいにざっくりと混ぜ、チョコレート、バナナチップを加えてさっと混ぜ合わせる。

2　スプーンで**1**を3〜4cm大にすくい、オーブン用シートを敷いた天板に間隔をあけて並べる。フォークの背で生地の中心をへこませるようにして押し、直径5〜6cmに丸く形を整える。

3　**2**を180度に温めたオーブンで15〜20分焼き、取り出して天板にのせたまま冷ます。

DROP COOKIE 03# 白みそとくるみのドロップクッキー

白みそは生地全体に混ぜると焦げやすくなり、味が散漫に……。
少量を上にのせることで、みそのうま味や塩味がちょうどよく主張してきます。

[材料] 10〜12枚分

クリームチーズ … 50g
バター（無塩）… 20g
A 薄力粉 … 40g
　ベーキングパウダー … 小さじ1/2
きび砂糖 … 40g
B 卵黄 … 1個分
　ヨーグルト（無糖）… 小さじ2
オートミール … 40g
くるみ（ローストタイプ）… 40g
白みそ … 大さじ1と2/3 〜大さじ2

[下準備]

• クリームチーズ、バターは室温にもどす。
• **A**は合わせてふるう。

[作り方]

1 ボウルにクリームチーズ、バター、きび砂糖を入れ、へらでボウルの側面に押しつけるようにしてなめらかになるまで練り混ぜ、**B**を加えて同様に練り混ぜる。**A**、オートミールを加えて粉っぽさが少し残るくらいにざっくりと混ぜ、くるみを加えてさっと混ぜ合わせる。

2 スプーンで**1**を3〜4cm大にすくい、オーブン用シートを敷いた天板に間隔をあけて並べる。フォークの背で生地の中心をへこませるようにして押し、直径5〜6cmに丸く形を整えて白みそを小さじ1/2ずつのせる。

3 **2**を180度に温めたオーブンで15〜20分焼き、取り出して天板にのせたまま冷ます。

DROP COOKIE 04# 黒糖とごまのドロップクッキー

ごまの香ばしく、滋味深いおいしさを実感できる一枚。
黒砂糖を用いることで、コクのある甘みがじんわりと広がります。

[材料] 10〜12枚分

クリームチーズ … 50g
バター（無塩）… 20g
A 薄力粉 … 40g
　ベーキングパウダー … 小さじ1/2
黒砂糖（顆粒のもの）… 40g
B 卵黄 … 1個分
　ヨーグルト（無糖）… 小さじ2
オートミール … 50g
黒いりごま … 大さじ2

[下準備]

• クリームチーズ、バターは室温にもどす。
• **A**は合わせてふるう。

[作り方]

1 ボウルにクリームチーズ、バター、黒砂糖を入れ、へらでボウルの側面に押しつけるようにしてなめらかになるまで練り混ぜ、**B**を加えて同様に練り混ぜる。**A**、オートミール、黒ごまを加え、粉っぽさがなくなるまで混ぜ合わせる。

2 スプーンで**1**を3〜4cm大にすくい、オーブン用シートを敷いた天板に間隔をあけて並べる。フォークの背で生地の中心をへこませるようにして押し、直径5〜6cmに丸く形を整える。

3 **2**を180度に温めたオーブンで15〜20分焼き、取り出して天板にのせたまま冷ます。

CHEESE SABLE

チーズが香る、塩味のサブレ。水分が少ない生地なので、
押さえつけるようにして混ぜることで、油分と粉がしっかりと混ざります。
「粉類を冷やす」&「生地を焼く前に冷やす」ことで、サクッと軽い食感に。

CHEESE SABLE 01# | チーズサブレ

黒こしょうをピリッと効かせることで、甘いものが苦手な人にも◎。
口の中でほろほろと崩れていく、食感も美味です。

[材料] 20〜22枚分

クリームチーズ … 50g
バター（無塩）… 50g
A 薄力粉 … 120g
　砂糖 … 小さじ1
　塩 … 小さじ1/3

B 粉チーズ … 40g
　ヨーグルト（無糖）… 大さじ1
粗びき黒こしょう … 適量

[下準備]

- クリームチーズ、バターは室温にもどす。
- 薄力粉をふるい、残りの**A**を加えて冷蔵室で10〜15分冷やす。

[作り方]

1. 生地を混ぜる

ボウルにクリームチーズ、バター、**B**を入れ、へらでボウルの側面に押しつけるようにしてなめらかになるまで練り混ぜ、

Aを加えて

ボウルの側面に押しつけるようにして混ぜる。

黒こしょうを加え、さっと混ぜ合わせる。

2. 冷やす

生地をラップで包んで約1.5cm厚さ、10×15cmにのばし、冷蔵室で1時間冷やす。

3. 焼く

生地を冷蔵室から取り出して横半分に切り、端から7〜8mm幅に切る。

オーブン用シートを敷いた天板に並べ、180度に温めたオーブンで15〜20分焼く。取り出して天板にのせたまま冷ます。

CHEESE SABLE 02# カレーサブレ

ふわっと香るカレー風味は、おつまみとしても重宝します。
カレー粉はクミンパウダー×ガラムマサラにかえ、辛みを抑えても。

[材料] 20〜22枚分

クリームチーズ … 50g
バター（無塩）… 50g
A 薄力粉 … 110g
　カレー粉 … 大さじ1
　砂糖 … 小さじ1
　塩 … 小さじ1/3
B 粉チーズ … 40g
　ヨーグルト（無糖）… 大さじ1

[下準備]

• クリームチーズ、バターは室温にもどす。
• 薄力粉、カレー粉を合わせてふるい、残りの
　Aを加えて冷蔵室で10〜15分冷やす。

[作り方]

1 ボウルにクリームチーズ、バター、**B**を入れ、
へらでボウルの側面に押しつけるようにして
なめらかになるまで練り混ぜ、**A**を加えてボウ
ルの側面に押しつけるようにして混ぜる。

2 1をラップで包んで約1.5cm厚さ、10×15cmに
のばし、冷蔵室で1時間冷やす。

3 生地を冷蔵室から取り出して横半分に切り、
端から7〜8mm幅に切る。オーブン用シートを
敷いた天板に並べ、180度に温めたオーブンで
15〜20分焼く。取り出して天板にのせたまま
冷ます。

CHEESE SABLE 03# トマトサブレ

ドライトマトは小さめに、3mmくらいのサイズに刻んでください。
サブレの食感を損なうことなく、全体にまんべんなく混ざります。

[材料] 20〜22枚分

クリームチーズ … 50g
バター（無塩）… 50g
A 薄力粉 … 120g
　砂糖 … 小さじ1
　塩 … 小さじ1/3
ドライトマト … 5枚
B 粉チーズ … 40g
　ヨーグルト（無糖）… 大さじ1

[下準備]

• クリームチーズ、バターは室温にもどす。
• 薄力粉をふるい、残りの**A**を加えて冷蔵
　室で10〜15分冷やす。
• ドライトマトは刻む。

[作り方]

1 ボウルにクリームチーズ、バター、**B**、ドライ
トマトを入れ、へらでボウルの側面に押しつけ
るようにしてなめらかになるまで練り混ぜ、**A**
を加えてボウルの側面に押しつけるようにし
て混ぜる。

2 1をラップで包んで約1.5cm厚さ、10×15cmに
のばし、冷蔵室で1時間冷やす。

3 生地を冷蔵室から取り出して横半分に切り、
端から7〜8mm幅に切る。オーブン用シートを
敷いた天板に並べ、180度に温めたオーブンで
15〜20分焼く。取り出して天板にのせたまま
冷ます。

CHEESE SABLE

04#

ハーブサブレ

ドライハーブは全量で大さじ1くらいになれば、好みのもので○Kです。
数種類を組み合わせることで、チーズとの相性がさらに良くなります。

[材料] 20〜22枚分

クリームチーズ … 50g

バター（無塩）… 50g

A 薄力粉 … 120g

砂糖 … 小さじ1

塩 … 小さじ1/3

タイム（ドライ）… 大さじ1/2

オレガノ（ドライ）… 小さじ1

ローズマリー（ドライ）… 小さじ1/2

B 粉チーズ … 40g

ヨーグルト（無糖）… 大さじ1

[下準備]

● クリームチーズ、バターは室温にもどす。

● **A**の薄力粉をふるい、残りの**A**を加えて
冷蔵室で10〜15分冷やす。

[作り方]

1　ボウルにクリームチーズ、バター、**B**を
入れ、へらでボウルの側面に押しつけ
るようにしてなめらかになるまで練り
混ぜ、**A**を加えてボウルの側面に押し
つけるようにして混ぜる。

2　**1**をラップで包んで約1.5cm厚さ、10×
15cmにのばし、冷蔵室で1時間冷やす。

3　生地を冷蔵室から取り出して横半分に
切り、端から7〜8mm幅に切る。オー
ブン用シートを敷いた天板に並べ、
180度に温めたオーブンで15〜20分
焼く。取り出して天板にのせたまま冷
ます。

CHEESE ROLL PIE

冷凍パイシートはすぐにやわらかくなってしまうので、
直前まで冷凍室で冷やしておくと、キレイに成形することができます。
くるくると巻くときはきつめにしっかり巻き、すき間ができないようにしましょう。

チーズロールパイ

たった2つの材料で作れたとは思えない、リッチな食べ心地に感動。
切るときにこぼれた粉チーズは、パイにかけてから焼きましょう。

[材料] 約20枚分

粉チーズ … 30g
冷凍パイシート（20×20㎝）… 1枚

[作り方]

1. パイシートを巻く

オーブン用シートの上にパイシートをのせ、手前側2～3㎝を残して粉チーズを散らす。

パイシートを奥側から手前に少しずつ巻き、巻き終わりをしっかり留める。

2. 切る

1をオーブン用シートで包み、冷凍室で15分冷やす。

取り出して巻き終わりを下にし、端から1㎝幅に切る。

3. 焼く

2をオーブン用シートを敷いた天板に間隔をあけて並べ、こぼれた粉チーズをかける。200度に温めたオーブンで13～18分焼き、取り出して天板にのせたまま冷ます。

**CHEESE
ROLL PIE**

02#

パクチーチーズパイ

パクチーは加熱すると香りがとぶので、風味の強い根元も刻んで入れましょう。
ひと口食べれば止まらない、ぐっと後を引くおいしさに。

[材料] 約20枚分

粉チーズ … ３０ｇ
パクチー … ３〜４本（15〜20ｇ）
冷凍パイシート（20×20㎝）… １枚

[下準備]

• パクチーは刻む。

[作り方]

1 オーブン用シートの上にパイシートを
のせ、手前側２〜３㎝を残して粉チー
ズ、パクチーを散らす。パイシートを
奥側から手前に少しずつ巻き、巻き終
わりをしっかり留める。

2 1をオーブン用シートで包み、冷凍室
で15分冷やす。取り出して巻き終わ
りを下にし、端から1㎝幅に切る。

3 2をオーブン用シートを敷いた天板に
間隔をあけて並べ、こぼれた粉チーズ、
パクチーをかける。200度に温めた
オーブンで15〜20分焼き、取り出し
て天板にのせたまま冷ます。

CHEESE ROLL PIE

03# おかか山椒チーズパイ

しょうゆは入れすぎに注意！ 1〜2滴で風味をつける程度に。
チーズのコクに山椒×削り節の香りが足され、大人のおやつとしても楽しめます。

[材料] 約20枚分

粉チーズ … 20g
A 削り節 … 1袋（5g）
　 粉山椒 … 小さじ1/3
　 しょうゆ … 少々
冷凍パイシート（20×20cm）… 1枚

[下準備]

• **A**は混ぜ合わせる。

[作り方]

1 オーブン用シートの上にパイシートをのせ、手前側2〜3cmを残して粉チーズ、**A**を散らす。パイシートを奥側から手前に少しずつ巻き、巻き終わりをしっかり留める。

2 **1**をオーブン用シートで包み、冷凍室で15分冷やす。取り出して巻き終わりを下にし、端から1cm幅に切る。

3 **2**をオーブン用シートを敷いた天板に間隔をあけて並べ、こぼれた粉チーズ、**A**をかける。200度に温めたオーブンで15〜20分焼き、取り出して天板にのせたまま冷ます。

CHEESE ROLL PIE

04# 梅じそチーズパイ

どこか懐かしさを感じる素朴な味は、お酒のお供としてもオススメです。
好みで青のりなどをいっしょに散らし、風味を良くしても。

[材料] 約20枚分

粉チーズ … 20g
冷凍パイシート（20×20cm）… 1枚
ゆかり（梅じそふりかけ）… 小さじ2

[作り方]

1 オーブン用シートの上にパイシートをのせ、手前側2〜3cmを残して粉チーズ、ゆかりを散らす。パイシートを奥側から手前に少しずつ巻き、巻き終わりをしっかり留める。

2 **1**をオーブン用シートで包み、冷凍室で15分冷やす。取り出して巻き終わりを下にし、端から1cm幅に切る。

3 **2**をオーブン用シートを敷いた天板に間隔をあけて並べ、こぼれた粉チーズ、ゆかりをかける。200度に温めたオーブンで13〜18分焼き、取り出して天板にのせたまま冷ます。

CHEESE MUFFIN

生地にも具材にもクリームチーズをプラスした、充実の食べごたえ。
チーズは冷めると固まるので、水分の多い生地にしてしっとり感をキープ。
粉を加えたあとは、生地に粘りが出ないようにさっくり混ぜましょう。

CHEESE MUFFIN 01# くるみのチーズマフィン

クリームチーズ好きにはたまらない、シンプルなうま味が際立つマフィン。
牛乳＆砂糖のチカラでふっくら、やわらかに。

[材料] 6個分

クリームチーズ … 100g
A 卵 … 1個
　米油(またはサラダ油) … 50g
B 薄力粉 … 130g
　ベーキングパウダー … 小さじ1
砂糖 … 60g
ヨーグルト(無糖) … 50g
牛乳 … 大さじ1
くるみ(ローストタイプ) … 80g

[下準備]

- クリームチーズは50gを室温にもどし、残りは1.5cm角に切って直前まで冷やす。
- **A**の卵は室温にもどし、**B**は合わせてふるう。

[作り方]

1.生地を混ぜる

ボウルに砂糖、室温にもどしたクリームチーズを入れ、へらでボウルの側面に押しつけるようにしてなめらかになるまで練り混ぜる。

Aを入れて泡立て器でよく混ぜ、

ヨーグルトを加えて混ぜる。

Bを加えてへらで粉っぽさが少し残るくらいにざっくりと混ぜ、

2.焼く

牛乳を加えて混ぜ合わせる。

残りのクリームチーズ、くるみを加え、さっくり混ぜ合わせる。

紙カップを敷いたマフィン型に生地をスプーンで均等に入れる。

180度に温めたオーブンで30～35分焼き、中心に竹串を刺して生地がついてこなければ取り出す。型から出し、ケーキクーラーにのせて冷ます。

CHEESE MUFFIN

02#

ココアいちじくマフィン

ビターな生地にいちじくの甘さが映える、口福の味わい。
ココアで生地が乾燥しやすくなるので、ほんの少し薄力粉を減らしています。

[**材料**] 6個分

クリームチーズ … 100g

A 卵 … 1個
　米油(またはサラダ油) … 50g

B 薄力粉 … 110g
　ココアパウダー(無糖) … 小さじ2
　ベーキングパウダー … 小さじ1

いちじく(セミドライ) … 80g

砂糖 … 60g

ヨーグルト(無糖) … 50g

牛乳 … 大さじ1

[**下準備**]

• クリームチーズは50gを室温にもどし、
　残りは1.5cm角に切って直前まで冷やす。
• **A**の卵は室温にもどし、**B**は合わせてふ
　るう。
• いちじくは4〜5cm大に切る。

[**作り方**]

1 ボウルに砂糖、室温にもどしたクリー
　ムチーズを入れ、へらでボウルの側面
　に押しつけるようにしてなめらかにな
　るまで練り混ぜる。**A**を入れて泡立て
　器でよく混ぜ、ヨーグルトを加えて混
　ぜる。**B**を加えてへらで粉っぽさが少
　し残るくらいにざっくりと混ぜ、牛乳
　を加えて混ぜ合わせる。残りのクリー
　ムチーズ、いちじくを加え、さっくり
　混ぜ合わせる。

2 紙カップを敷いたマフィン型に**1**をス
　プーンで均等に入れる。180度に温め
　たオーブンで30〜35分焼き、中心に
　竹串を刺して生地がついてこなけれ
　ば取り出す。型から出し、ケーキクー
　ラーにのせて冷ます。

CHEESE MUFFIN

03# コーヒーラムレーズンマフィン

コーヒーのコクを加えることで、深みのある一品に仕上げます。
ラム酒の香りとチーズの酸味が、おいしさを底上げするスパイスに。

[材料] 6個分

クリームチーズ … 100g
A 卵 … 1個　米油 (またはサラダ油) … 50g
B 薄力粉 … 130g
　 ベーキングパウダー … 小さじ1
C 水 … 大さじ1
　 コーヒー (粉末) … 小さじ2
砂糖 … 60g
ヨーグルト (無糖) … 50g
ラムレーズン … 50g

[下準備]

- クリームチーズは50gを室温にもどし、残りは
  1.5cm角に切って直前まで冷やす。
- **A**の卵は室温にもどし、**B**は合わせてふるう。
  Cは混ぜ合わせる。

[作り方]

1 ボウルに砂糖、室温にもどしたクリームチーズ
を入れ、へらでボウルの側面に押しつけるよう
にしてなめらかになるまで練り混ぜる。**A**を入
れて泡立て器でよく混ぜ、ヨーグルトを加えて
混ぜる。**B**を加えてへらで粉っぽさが少し残る
くらいにざっくりと混ぜ、**C**を加えて混ぜ合わ
せる。残りのクリームチーズ、ラムレーズンを
加え、さっくり混ぜ合わせる。

2 紙カップを敷いたマフィン型に**1**をスプーン
で均等に入れる。180度に温めたオーブンで
30〜35分焼き、中心に竹串を刺して生地がつ
いてこなければ取り出す。型から出し、ケーキ
クーラーにのせて冷ます。

CHEESE MUFFIN

04# アボカドとハムのマフィン

朝食やブランチにもぴったり！ 黒こしょうが効いたサレマフィンが登場。
マイルドなアボカドにハムやチーズが好相性です。

[材料] 6個分

クリームチーズ … 100g
A 卵 … 1個　米油 (またはサラダ油) … 50g
B 薄力粉 … 130g
　 ベーキングパウダー … 小さじ1
アボカド … 1/2個
ハム … 2枚
砂糖 … 40g
ヨーグルト (無糖) … 50g
牛乳 … 大さじ1
粗びき黒こしょう … 適量

[下準備]

- クリームチーズは50gを室温にもどし、残りは
  1.5cm角に切って直前まで冷やす。
- **A**の卵は室温にもどし、**B**は合わせてふるう。
- アボカドは種と皮を除いて2cm角に切り、ハ
  ムは2cm四方に切る。

[作り方]

1 ボウルに砂糖、室温にもどしたクリームチー
ズを入れ、へらでボウルの側面に押しつける
ようにしてなめらかになるまで練り混ぜる。**A**
を入れて泡立て器でよく混ぜ、ヨーグルトを
加えて混ぜる。**B**を加えてへらで粉っぽさが
少し残るくらいにざっくりと混ぜ、牛乳を加え
て混ぜ合わせる。残りのクリームチーズ、アボ
カド、ハムを加え、さっくり混ぜ合わせる。

2 紙カップを敷いたマフィン型に**1**をスプーンで
均等に入れ、黒こしょうをふる。180度に温め
たオーブンで30〜35分焼き、中心に竹串を刺
して生地がついてこなければ取り出す。型か
ら出し、ケーキクーラーにのせて冷ます。

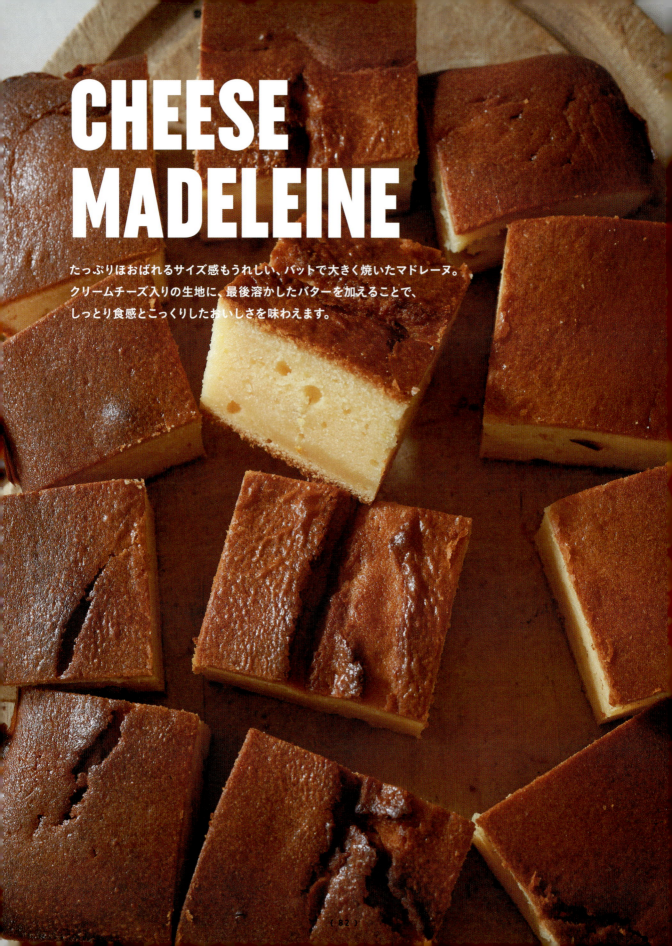

CHEESE MADELEINE

たっぷりほおばれるサイズ感もうれしい、バットで大きく焼いたマドレーヌ。
クリームチーズ入りの生地に、最後溶かしたバターを加えることで、
しっとり食感とこっくりしたおいしさを味わえます。

CHEESE MADELEINE 01# | チーズ風味のバットマドレーヌ

心をわしづかみにされる、ふわふわ食感とボリューム感が最高。
調理中、バターはボウルの底にたまりがちなのでしっかり混ぜましょう。

[材料]　20.5×16×3cmのバット1台分

クリームチーズ … 100g
卵 … 2個
A 薄力粉 … 100g
　　 ベーキングパウダー … 小さじ1
バター（無塩）… 50g

B レモンの皮のすりおろし … 1個分
　　 グラニュー糖 … 60g
　　 はちみつ … 大さじ1
牛乳 … 大さじ1

[下準備]

- クリームチーズ、卵は室温にもどす。
- **A**は合わせてふるう。
- バターは電子レンジで15〜20秒温めて溶かす。

[作り方]

1. 生地を混ぜる

ボウルにクリームチーズ、**B**を入れ、へらでボウルの側面に押しつけるようにしてなめらかになるまで練り混ぜる。

卵を加えて泡立て器でなめらかになるまで混ぜ、

Aを加えてへらでボウルの側面に押しつけるようにして混ぜる。

牛乳、溶かしたバターを加え、底から上下を返すようにしてしっかり混ぜる。

2. 焼く

オーブン用シートを敷いたバットに生地を入れ、15cmほど持ち上げて2度落とし、粗めの気泡を抜く。

へらで表面を平らにならして180度に温めたオーブンで30〜35分焼き、中心に竹串を刺して生地がついてこなければ取り出す。型から出し、ケーキクーラーにのせて冷ます。

CHEESE MADELEINE

02# にんじんのチーズマドレーヌ

ひと口食べれば、やさしく自然な甘さにいやされます。
にんじんから水分が出るので"混ぜる作業は手早く"が、失敗しないコツ。

[材料] 20.5×16×3cmのバット1台分

クリームチーズ … 100g
卵 … 1個
卵黄 … 1個分
A 薄力粉 … 120g
  ベーキングパウダー … 小さじ2
にんじん … 80g
バター（無塩）… 50g
B きび砂糖 … 50g
  はちみつ … 大さじ1

[下準備]

• クリームチーズ、卵、卵黄は室温にもどす。
• Aは合わせてふるう。
• にんじんはせん切りにする。
• バターは電子レンジで15〜20秒温めて溶かす。

[作り方]

1　ボウルにクリームチーズ、Bを入れ、へらでボウルの側面に押しつけるようにしてなめらかになるまで練り混ぜる。卵、卵黄を加えて泡立て器でなめらかになるまで混ぜ、Aを加えてへらでボウルの側面に押しつけるようにして混ぜる。溶かしたバターを加えて底から上下を返すようにしてしっかり混ぜ、にんじんを加えて混ぜ合わせる。

2　オーブン用シートを敷いたバットに1を入れ、15cmほど持ち上げて2度落とし、粗めの気泡を抜く。へらで表面を平らにならして180度に温めたオーブンで35〜38分焼き、中心に竹串を刺して生地がついてこなければ取り出す。型から出し、ケーキクーラーにのせて冷ます。

CHEESE MADELEINE

03# 黄桃アーモンドのチーズマドレーヌ

ジューシーな黄桃は水分をふいてから入れることで、生焼けを防ぎましょう。
果肉がごろっと入ったふっくらマドレーヌは、子どものおやつにもぴったり。

[材料] 20.5×16×3cmのバット1台分

クリームチーズ … 100g
卵 … 2個
A 薄力粉 … 110g
  ベーキングパウダー … 小さじ1と1/2
黄桃の缶詰（半割りタイプ）… 2切れ
バター（無塩）… 50g
B グラニュー糖 … 60g
  はちみつ … 大さじ1
スライスアーモンド（ローストタイプ）… 30g

[下準備]

• クリームチーズ、卵は室温にもどす。
• Aは合わせてふるう。
• 黄桃は半分に切り、水けをペーパータオルでふく。
• バターは電子レンジで15〜20秒温めて溶かす。

[作り方]

1　ボウルにクリームチーズ、Bを入れ、へらでボウルの側面に押しつけるようにしてなめらかになるまで練り混ぜる。卵を加えて泡立て器でなめらかになるまで混ぜ、Aを加えてへらでボウルの側面に押しつけるようにして混ぜる。溶かしたバターを加え、底から上下を返すようにしてしっかり混ぜる。

2　オーブン用シートを敷いたバットに1を入れ、15cmほど持ち上げて2度落とし、粗めの気泡を抜く。へらで表面を平らにならして黄桃をのせ、アーモンドを散らす。180度に温めたオーブンで35〜38分焼き、中心に竹串を刺して生地がついてこなければ取り出す。型から出し、ケーキクーラーにのせて冷ます。

CHEESE MADELEINE
04#

アールグレイのチーズマドレーヌ

紅茶は香りが最も強い、アールグレイを選びましょう。
生地の粉っぽさがなくなってから茶葉を加えると、風味を最大限に生かせます。

[材料] 20.5×16×3cmのバット1台分

クリームチーズ … 100g

卵 … 2個

A 薄力粉 … 100g
　　ベーキングパウダー … 小さじ1

バター（無塩）… 50g

B レモンの皮のすりおろし … 1個分
　　グラニュー糖 … 60g
　　はちみつ … 大さじ1

牛乳 … 大さじ1

紅茶の茶葉（アールグレイ）
　　… ティーバッグ1袋（約3g）

[下準備]

• クリームチーズ、卵は室温にもどす。
• **A** は合わせてふるう。
• バターは電子レンジで10〜15秒温めて溶かす。

[作り方]

1　ボウルにクリームチーズ、**B** を入れ、へらでボウルの側面に押しつけるようにしてなめらかになるまで練り混ぜる。卵を加えて泡立て器でなめらかになるまで混ぜ、**A** を加えてへらでボウルの側面に押しつけるようにして混ぜる。牛乳、溶かしたバターを加えて底から上下を返すようにしてしっかり混ぜ、紅茶の茶葉を加えて混ぜ合わせる。

2　オーブン用シートを敷いたバットに**1**を入れ、15cmほど持ち上げて2度落とし、粗めの気泡を抜く。へらで表面を平らにならして180度に温めたオーブンで30〜35分焼き、中心に竹串を刺して生地がついてこなければ取り出す。型から出し、ケーキクーラーにのせて冷ます。

COOKIE ｜ CHEESE MADELEINE

(87)

ムラヨシマサユキ
料理研究家

製菓学校卒業後、パティスリー、カフェ、レストラン勤務を経て、パンとお菓子の教室を始める。深い探究心から考案されるレシピの数々は、シンプルで作りやすい初心者向けから、丁寧な解説が必要な料理上級者向けまで幅広く、どのレシピもおいしく作れると大好評。親切でわかりやすい料理教室も人気を集めるほか、「家で作るからおいしい」をコンセプトにしたメニューで雑誌、書籍、テレビなどでも活躍中。著書に『CHOCOLATE BAKE』(小社刊)、『家庭のオーブンで作る食パン』(成美堂出版刊) など。

STAFF

デザイン／髙橋朱里、菅谷真理子(マルサンカク)
撮影／福尾美雪
取材・スタイリング／中田裕子
調理アシスト／今井亮
校閲／滄流社
編集／上野まどか

撮影協力／UTUWA

CHEESE BAKE

著　者	ムラヨシマサユキ
編集人	小田真一
発行人	永田智之
発行所	株式会社 主婦と生活社
	〒104-8357 東京都中央区京橋3-5-7
編集部	TEL03-3563-5321
販売部	TEL03-3563-5121
生産部	TEL03-3563-5125
	http://www.shufu.co.jp
製版所	東京カラーフォト・プロセス株式会社
印刷所	大日本印刷株式会社
製本所	大日本印刷株式会社

ISBN978-4-391-15088-9

落丁・乱丁の場合はお取り替えいたします。
お買い求めの書店か、小社生産部までお申し出ください。

Ⓡ 本書を無断で複写複製(電子化を含む)することは、著作権法上の例外を除き、禁じられています。本書をコピーされる場合は、事前に日本複製権センター(JRRC)の許諾を受けてください。また、本書を代行業者等の第三者に依頼してスキャンやデジタル化をすることは、たとえ個人や家庭内の利用であっても一切認められておりません。
JRRC(https://jrrc.or.jp　Eメール：jrrc_info@jrrc.or.jp　☎03-3401-2382)
©MASAYUKI MURAYOSHI 2017 Printed in Japan